PINHOK™
LANGUAGES

www.pinhok.com

Introduction

This Book

This vocabulary book is a curated word frequency list with 2000 of the most commonly used words and phrases. It is not a conventional all-in-one language learning book but rather strives to streamline the learning process by concentrating on early acquisition of the core vocabularies. The result is a unique vocabulary book ideal for driven learners and language hackers.

Who this book is for

This book is for beginners and intermediate learners who are self-motivated and willing to spend 15 to 20 minutes a day on learning vocabularies. The simple structure of this vocabulary book is the result of taking all unnecessary things out allowing the learning effort to solely be spent on the parts that help you make the biggest progress in the shortest amount of time. If you are willing to put in 20 minutes of learning every day, this book is very likely the single best investment you can make if you are at a beginner or intermediate level. You will be amazed at the speed of progress within a matter of just weeks of daily practice.

Who this book is not for

This book is not for you if you are an advanced learner. In this case, please go to our website or search for our vocabulary book which comes with more vocabularies and is grouped by topic which is ideal for advanced learners who want to improve their language capabilities in certain fields.

Furthermore, if you are looking for an all in one learning book that guides you through the various steps of learning a new language, this book is most likely also not what you are looking for. This book contains vocabularies only and we expect buyers to learn things like grammar and pronunciation either from other sources or through language courses. The strength of this book is its focus on quick acquisition of core vocabularies which comes at the expense of information many people might expect in a conventional language learning book. Please be aware of this when making the purchase.

How to use this book

This book is ideally used on a daily basis, reviewing a set number of pages in each session. The book is split into sections of 25 vocabularies which allows you to step by step progress through the book. Let's for example say you are currently reviewing vocabularies 101 to 200. Once you know vocabularies 101 to 125 very well, you can start learning vocabularies 201 to 225 and on the next day skip 101-125 and continue reviewing vocabularies 126 to 225. This way, step by step, you will work your way through the book and your language skills will jump with each page you master.

Pinhok Languages

Pinhok Languages strives to create language learning products that support learners around the world in their mission of learning a new language. In doing so, we combine best practice from various fields and industries to come up with innovative products and material.

The Pinhok Team hopes this book can help you with your learning process and gets you to your goal faster. Should you be interested in finding out more about us, please go to our website www.pinhok.com. For feedback, error reports, criticism or simply a quick "hi", please also go to our website and use the contact form.

Disclaimer of Liability

THIS BOOK IS PROVIDED "AS IS", WITHOUT WARRANTY OF ANY KIND, EXPRESSED OR IMPLIED, INCLUDING BUT NOT LIMITED TO THE WARRANTIES OF MERCHANTABILITY, FITNESS FOR A PARTICULAR PURPOSE AND NONINFRINGEMENT. IN NO EVENT SHALL THE AUTHORS OR COPYRIGHT HOLDERS BE LIABLE FOR ANY CLAIM, DAMAGES OR OTHER LIABILITY, WHETHER IN AN ACTION OF CONTRACT, TORT OR OTHERWISE, ARISING FROM, OUT OF OR IN CONNECTION WITH THE BOOK OR THE USE OR OTHER DEALINGS IN THE BOOK.

Copyright © 2022 Pinhok.com. All Rights Reserved

1 - 25

I	أنا ('ana)
you (singular)	أنت ('ant)
he	هو (hu)
she	هي (hi)
it	هو / هي (hu / hi)
we	نحن (nahn)
you (plural)	أنتم ('antum)
they	هم (hum)
what	ماذا (madha)
who	من (min)
where	أين ('ayn)
why	لماذا (limadha)
how	كيف (kayf)
which	أي ('aya)
when	متى (mataa)
then	ثم (thuma)
if	إذا ('iidha)
really	حقا (haqana)
but	لكن (lkn)
because	لأن (li'ana)
not	ليس (lays)
this	هذا (hadha)
I need this	انا بحاجة لهذا ('iinaa bihajat lhdha)
How much is this?	كم ثمن هذا؟ (kam thaman hadha?)
that	أن ('ana)

26 - 50

all	جميع (jmye)
or	أو ('aw)
and	و (w)
to know	يعرف (yerf)
I know	أنا أعرف ('ana 'aerif)
I don't know	أنا لا أعرف ('ana la 'aerif)
to think	يفكر (yufakir)
to come	يأتي (yati)
to put	يضع (yadae)
to take	يأخذ (yakhudh)
to find	يجد (yajid)
to listen	يستمع (yastamie)
to work	يعمل (yaemal)
to talk	يتحدث (yatahadath)
to give (somebody something)	يعطي (yueti)
to like	يعجب (yuejib)
to help	يساعد (yusaeid)
to love	يحب (yuhibu)
to call	يجري مكالمة هاتفية (yajri mukalamatan hatifia)
to wait	ينتظر (yantazir)
I like you	أنا معجب بك ('ana maejib bik)
I don't like this	أنا لا أحب هذا ('ana la 'uhibu hdha)
Do you love me?	هل تحبني؟ (hal tahbani?)
I love you	أحبك ('ahbak)
0	صفر (sifr)

51 - 75

1	واحد (wahid)
2	اثنان (athnan)
3	ثلاثة (thlath)
4	أربعة (arbe)
5	خمسة (khms)
6	ستة (st)
7	سبعة (sbe)
8	ثمانية (thmany)
9	تسعة (tse)
10	عشرة (eshr)
11	أحد عشر (ahd eshr)
12	اثنا عشر (athna eashar)
13	ثلاثة عشر (thlatht eshr)
14	أربعة عشر (arbet eshr)
15	خمسة عشر (khmst eshr)
16	ستة عشر (stt eshr)
17	سبعة عشر (sbet eshr)
18	ثمانية عشر (thmanyt eshr)
19	تسعة عشر (tiseat eashar)
20	عشرون (eshrwn)
new	جديد (jadid)
old (not new)	قديم (qadim)
few	قليل (qalil)
many	كثير (kthyr)
how much?	كم؟ (kam?)

76 - 100

how many?	كم عدد؟ (kam eadad?)
wrong	خاطئ (khati)
correct	صحيح (sahih)
bad	سيئ (syy)
good	جيد (jayid)
happy	سعيد (saeid)
short (length)	قصير (qasir)
long	طويل (tawil)
small	صغير (saghir)
big	كبير (kabir)
there	هناك (hnak)
here	هنا (huna)
right	يمين (yamin)
left	يسار (yasar)
beautiful	جميل (jamil)
young	شاب (shab)
old (not young)	عجوز (eajuz)
hello	مرحبا (marhabaan)
see you later	أراك لاحقا ('arak lahiqaan)
ok	حسنا (hasananaan)
take care	اعتن بنفسك (aetin binafsik)
don't worry	لا تقلق (la tuqaliq)
of course	بالطبع (bialtabe)
good day	يوم جيد (yawm jayid)
hi	مرحبا (marhabaan)

101 - 125

bye bye	وداعا	(wadaeaan)
good bye	مع السلامة	(mae alsalama)
excuse me	اعذرني	(aedhirni)
sorry	آسف	(asif)
thank you	شكرا	(shukraan)
please	من فضلك	(min fadlik)
I want this	أريد هذا	('urid hdha)
now	الآن	(alan)
afternoon	بعد الظهر (M)	(baed alzuhr)
morning (9:00-11:00)	صباح (M)	(sabah)
night	ليل (M)	(layl)
morning (6:00-9:00)	صباح (M)	(sabah)
evening	مساء (M)	(masa')
noon	ظهر (M)	(zahar)
midnight	منتصف الليل (M)	(muntasaf allayl)
hour	ساعة (F)	(saea)
minute	دقيقة (F)	(daqiqa)
second (time)	ثانية (F)	(thany)
day	يوم (M)	(yawm)
week	أسبوع (M)	('usbue)
month	شهر (M)	(shahr)
year	سنة (F)	(sana)
time	وقت (M)	(waqt)
date (time)	تاريخ (M)	(tarikh)
the day before yesterday	أول أمس	('awal 'ams)

126 - 150

yesterday	أمس	('ams)
today	اليوم	(alyawm)
tomorrow	غدا	(ghadaan)
the day after tomorrow	بعد غد	(baed ghad)
Monday	الإثنين (M)	(al'iithnin)
Tuesday	الثلاثاء (M)	(althulatha')
Wednesday	الأربعاء (M)	(al'arbiea')
Thursday	الخميس (M)	(alkhamis)
Friday	الجمعة (F)	(aljumea)
Saturday	السبت (M)	(alsabt)
Sunday	الأحد (M)	(al'ahad)
Tomorrow is Saturday	غدا هو السبت	(ghadaan hu alsabt)
life	حياة (F)	(haya)
woman	امرأة (F)	(aimra'a)
man	رجل (M)	(rajul)
love	حب (M)	(hubun)
boyfriend	خليل (M)	(khalil)
girlfriend	صديقة (F)	(sadiqa)
friend	صديق (M)	(sadiq)
kiss	قبلة (F)	(qibla)
sex	جنس (M)	(juns)
child	طفل (M)	(tifl)
baby	طفل (M)	(tifl)
girl	بنت (F)	(bnt)
boy	ولد (M)	(walad)

151 - 175

mum	أم (F) ('um)
dad	أب (M) ('ab)
mother	الأم (F) (al'umu)
father	الأب (M) (al'ab)
parents	الآباء (M) (alaba')
son	ابن (M) (abn)
daughter	ابنة (F) (aibnatu)
little sister	أخت صغيرة (F) ('ukht saghira)
little brother	أخ صغير (M) ('akh saghir)
big sister	أخت كبرى (F) ('ukht kubraa)
big brother	اخ أكبر (M) ('akh 'akbar)
to stand	يقف (yaqif)
to sit	يجلس (yujlis)
to lie	يستلقي (yastalqi)
to close	يغلق (yaghliq)
to open (e.g. a door)	يفتح (yaftah)
to lose	يخسر (yakhsar)
to win	يفوز (yafuz)
to die	يموت (yamut)
to live	يعيش (yaeish)
to turn on	يضيئ (yadiy)
to turn off	يطفئ (yutafiy)
to kill	يقتل (yuqtal)
to injure	يجرح (yajrah)
to touch	يلمس (ylmas)

176 - 200

to watch	يشاهد (yushahid)
to drink	يشرب (yashrab)
to eat	يتناول (yatanawal)
to walk	يسير (yasir)
to meet	يقابل (yaqabil)
to bet	يراهن (yurahin)
to kiss	يقبل (yaqbal)
to follow	يتابع (yutabie)
to marry	يتزوج (yatazawaj)
to answer	يجيب (yujib)
to ask	يسأل (yas'al)
question	سؤال (M) (sual)
company	شركة (F) (sharika)
business	أعمال (M) ('aemal)
job	وظيفة (F) (wazifa)
money	مال (M) (mal)
telephone	هاتف (M) (hatif)
office	مكتب (M) (maktab)
doctor	طبيب (M) (tabib)
hospital	مستشفي (M) (mustashfi)
nurse	ممرضة (F) (mumarada)
policeman	شرطي (M) (shurtiun)
president (of a state)	رئيس (M) (rayiys)
white	أبيض ('abyad)
black	أسود ('aswad)

201 - 225

red	أحمر ('ahmar)
blue	أزرق ('azraq)
green	أخضر ('akhdir)
yellow	أصفر ('asfar)
slow	بطئ (bty)
quick	سريع (sarie)
funny	مضحك (madhak)
unfair	ظالم (zalim)
fair	عادل (eadil)
difficult	صعب (saeb)
easy	سهل (sahl)
This is difficult	هذا صعب (hadha saeb)
rich	غني (ghaniun)
poor	فقير (faqir)
strong	قوي (qawiun)
weak	ضعيف (daeif)
safe (adjective)	آمن (aman)
tired	متعب (mutaeib)
proud	فخور (fakhur)
full (from eating)	ممتلئ (mumtali)
sick	مريض (marid)
healthy	صحي (sahi)
angry	غاضب (ghadib)
low	منخفض (munkhafid)
high	مرتفع (murtafie)

226 - 250

straight (line)	مستقيم (mustaqim)
every	كل (kl)
always	دائما (dayimaan)
actually	في الواقع (fi alwaqie)
again	مرة أخرى (maratan 'ukhraa)
already	بالفعل (balfel)
less	أقل ('aqala)
most	معظم (mezm)
more	أكثر ('akthar)
I want more	أريد المزيد ('urid almazid)
none	لا شيء (la shay')
very	جدا (jiddaan)
animal	حيوان (M) (hayawan)
pig	خنزير (M) (khinzir)
cow	بقرة (F) (baqara)
horse	حصان (M) (hisan)
dog	كلب (M) (kalb)
sheep	خروف (M) (khuruf)
monkey	قرد (M) (qarad)
cat	قط (M) (qut)
bear	دب (M) (daba)
chicken (animal)	دجاجة (F) (dijaja)
duck	بطة (F) (bata)
butterfly	فراشة (F) (farasha)
bee	نحلة (F) (nhl)

251 - 275

fish (animal)	سمكة (F) (samaka)
spider	عنكبوت (M) (eankabut)
snake	ثعبان (M) (thueban)
outside	بالخارج (bialkharij)
inside	بالداخل (bialddakhil)
far	بعيد (baeid)
close	قريب (qarib)
below	تحت (taht)
above	فوق (fawq)
beside	بجانب (bijanib)
front	أمام ('amam)
back (position)	خلف (khalf)
sweet	حلو (halu)
sour	حامض (hamid)
strange	غريب (ghurayb)
soft	ناعم (naem)
hard	صلب (sulb)
cute	لطيف (latif)
stupid	غبي (ghabi)
crazy	مجنون (majnun)
busy	مشغول (mashghul)
tall	طويل (tawil)
short (height)	قصير (qasir)
worried	قلق (qalaq)
surprised	مندهش (munadihish)

276 - 300

cool	مرح (marah)
well-behaved	مؤدب (muadib)
evil	شرير (sharir)
clever	ذكي (dhuki)
cold (adjective)	بارد (barid)
hot (temperature)	حار (har)
head	رأس (M) (ras)
nose	أنف (M) ('anf)
hair	شعر (M) (shaear)
mouth	فم (M) (fum)
ear	أذن (F) ('udhin)
eye	عين (F) (eayan)
hand	يد (F) (yd)
foot	قدم (M) (qadam)
heart	قلب (M) (qalb)
brain	مخ (M) (makh)
to pull (... open)	يسحب (yashab)
to push (... open)	يدفع (yadfae)
to press (a button)	يضغط (yadghat)
to hit	يضرب (yadrib)
to catch	يمسك (yumsik)
to fight	يقاتل (yuqatil)
to throw	يرمي (yarmi)
to run	يجري (yajri)
to read	يقرأ (yaqra)

301 - 325

to write	يكتب (yaktub)
to fix	يصلح (yuslih)
to count	يحسب (yahsab)
to cut	يقطع (yaqtae)
to sell	يبيع (yabie)
to buy	يشتري (yashtari)
to pay	يدفع نقود (yadfae naqud)
to study	يدرس (yadrus)
to dream	يحلم (yahlam)
to sleep	ينام (yanam)
to play	يلعب (yaleab)
to celebrate	يحتفل (yahtafil)
to rest	يستريح (yastarih)
to enjoy	يستمتع (yastamtae)
to clean	ينظف (yunazif)
school	مدرسة (F) (madrasa)
house	منزل (M) (manzil)
door	باب (M) (bab)
husband	زوج (M) (zawj)
wife	زوجة (F) (zawja)
wedding	زفاف (M) (zifaf)
person	شخص (M) (shakhs)
car	سيارة (F) (sayara)
home	بيت (M) (bayt)
city	مدينة (F) (madina)

326 - 350

number	رقم (raqm) (M)
21	واحد وعشرون (wahid waeishrun)
22	اثنان وعشرون (athnan waeishrun)
26	ستة وعشرون (sttan waeishrun)
30	ثلاثون (thlathwn)
31	واحد وثلاثون (wahid wathalathun)
33	ثلاثة وثلاثون (thlatht wathalathun)
37	سبعة وثلاثون (sbet wathalathun)
40	أربعون ('arbaeun)
41	واحد وأربعون (wahid wa'arbaeun)
44	أربعة واربعون (arbet wa'arbaeun)
48	ثمانية و أربعون (thmanyt w 'arbaeun)
50	خمسون (khamsun)
51	واحد وخمسون (wahid wakhamsun)
55	خمسة وخمسون (khmstan wakhamsun)
59	تسعة وخمسون (tsetan wakhamsun)
60	ستون (situn)
61	واحد وستون (wahid wstwn)
62	اثنان وستون (athnan wstwn)
66	ستة وستون (stt wstwn)
70	سبعون (sabeun)
71	واحد وسبعون (wahid wasabeun)
73	ثلاثة وسبعون (thlatht wasabeun)
77	سبعة وسبعون (sbet wasabeun)
80	ثمانون (thamanun)

351 - 375

81	واحد وثمانون	(wahid wathamanun)
84	أربعة وثمانون	(arbet wathamanun)
88	ثمانية وثمانون	(thmanyt wathamanun)
90	تسعون	(tseawn)
91	واحد وتسعون	(wahid watiseun)
95	خمسة وتسعون	(khmstan watiseun)
99	تسعة وتسعون	(tset watiseun)
100	مائة	(miaya)
1000	ألف	('alf)
10.000	عشرة آلاف	(eshrt alaf)
100.000	مائة ألف	(miayat 'alf)
1.000.000	مليون	(milyun)
my dog	كلبي	(klbi)
your cat	قطك	(qatak)
her dress	فستانها	(fasataniha)
his car	سيارته	(sayaratih)
its ball	كرته	(kuratuh)
our home	بيتنا	(baytina)
your team	فريقك	(fariquk)
their company	شركتهم	(sharikatuhum)
everybody	الجميع	(aljamie)
together	سويا	(sawianaan)
other	آخر	(akhar)
doesn't matter	لا يهم	(la yuhimu)
cheers	في صحتك	(fi sihtik)

376 - 400

relax	استرح (aistarah)
I agree	أنا موافق ('ana muafiq)
welcome	مرحبا (marhabaan)
no worries	لا قلق (la qalaq)
turn right	انعطف يمينا (aneataf yamina)
turn left	انعطف يسارا (aneataf yusarana)
go straight	انطلق للأمام (aintalaq lil'amam)
Come with me	تعال معي (tueal maei)
egg	بيضة (F) (bida)
cheese	جبن (M) (jaban)
milk	حليب (M) (halib)
fish (to eat)	سمك (M) (smak)
meat	لحم (M) (lahm)
vegetable	خضار (M) (khadar)
fruit	فاكهة (F) (fakiha)
bone (food)	عظم (M) (eazam)
oil	زيت (M) (zayt)
bread	خبز (M) (khabaz)
sugar	سكر (M) (sakar)
chocolate	شوكولاتة (F) (shukulata)
candy	حلوي (F) (hulwi)
cake	كعكة (F) (kaeika)
drink	مشروب (M) (mashrub)
water	مياه (F) (miah)
soda	مياه غازية (F) (miah ghazia)

401 - 425

coffee	قهوة (F) (qahua)
tea	شاي (M) (shay)
beer	بيرة (F) (bayra)
wine	نبيذ (M) (nabidh)
salad	سلطة (F) (sulta)
soup	حساء (M) (hasa')
dessert	حلوى (F) (halwaa)
breakfast	إفطار (M) ('iiftar)
lunch	غداء (M) (ghada')
dinner	عشاء (M) (easha')
pizza	بيتزا (F) (biatza)
bus	أتوبيس (M) ('atubys)
train	قطار (M) (qitar)
train station	محطة قطار (F) (mahatat qitar)
bus stop	موقف حافلات (M) (mawqif hafilat)
plane	طائرة (F) (tayira)
ship	سفينة (F) (safina)
lorry	لوري (M) (luri)
bicycle	دراجة (F) (diraja)
motorcycle	دراجة نارية (F) (dirajat naria)
taxi	تاكسي (M) (taksi)
traffic light	اشارة المرور (F) ('iisharat almurur)
car park	موقف السيارات (M) (mawqif alsayarat)
road	طريق (M) (tariq)
clothing	ملابس (F) (mulabis)

426 - 450

shoe	حذاء (hidha') (M)
coat	معطف (maetif) (M)
sweater	سترة (satra) (F)
shirt	قميص (qamis) (M)
jacket	جاكيت (jakiat) (M)
suit	بدلة (badala) (F)
trousers	سروال (sirwal) (M)
dress	فستان (fusatan) (M)
T-shirt	تي شيرت (ty shayirat) (M)
sock	جورب (jurib) (M)
bra	حمالة صدر (hamaalat sadar) (F)
underpants	السراويل الداخلية (alsarawil alddakhilia) (F)
glasses	نظارات (nizarat) (F)
handbag	حقيبة يد (haqibat yd) (F)
purse	محفظة نسائية (muhafazat nisayiya) (F)
wallet	محفظة (muhfaza) (F)
ring	خاتم (khatam) (M)
hat	قبعة (qabea) (F)
watch	ساعة (saea) (F)
pocket	جيب (jayb) (M)
What's your name?	ما اسمك؟ (ma asmak?)
My name is David	اسمي ديفيد (aismi difid)
I'm 22 years old	عمري 22 عاما (eumri 22 eamaan)
How are you?	كيف حالك؟ (kayf halk?)
Are you ok?	هل انت بخير؟ (hal 'ant bakhyr?)

451 - 475

Where is the toilet?	أين المرحاض؟	('ayn almarhad?)
I miss you	أفتقدك	('aftaqiduk)
spring	الربيع (M)	(alrbye)
summer	الصيف (M)	(alsayf)
autumn	الخريف (M)	(alkharif)
winter	الشتاء (M)	(alshita')
January	يناير (M)	(yanayir)
February	فبراير (M)	(fibrayir)
March	مارس (M)	(maris)
April	ابريل (M)	('abril)
May	مايو (M)	(mayu)
June	يونيو (M)	(yuniu)
July	يوليو (M)	(yuliu)
August	أغسطس (M)	('aghustus)
September	سبتمبر (M)	(sibtambar)
October	أكتوبر (M)	('uktubar)
November	نوفمبر (M)	(nufimbir)
December	ديسمبر (M)	(disambir)
shopping	تسوق (M)	(tswq)
bill	فاتورة (F)	(fatura)
market	سوق (M)	(suq)
supermarket	سوبر ماركت (M)	(subar marikat)
building	بناء (M)	(bina')
apartment	شقة (F)	(shaqa)
university	جامعة (F)	(jamiea)

476 - 500

farm	(mazraea) مزرعة (F)
church	(kanisa) كنيسة (F)
restaurant	(mateam) مطعم (M)
bar	(hana) حانة (F)
gym	(nadi riadiin) نادي رياضي (M)
park	(hadiqa) حديقة (F)
toilet (public)	(mirhad) مرحاض (M)
map	(kharita) خريطة (F)
ambulance	(sayaruh 'iiseaf) سياره اسعاف (F)
police	(shurta) شرطة (F)
gun	(bunduqia) بندقية (F)
firefighters	(rijal al'iitfa') رجال الاطفاء (M)
country	(balad) بلد (M)
suburb	(dahia) ضاحية (F)
village	(qry) قرية (F)
health	(siha) صحة (F)
medicine	(dawa') دواء (M)
accident	(hadith) حادث (M)
patient	(marid) مريض (M)
surgery	(jiraha) جراحة (F)
pill	(habat diwa') حبة دواء (F)
fever	(humaa) حمى (M)
cold (sickness)	(bard) برد (M)
wound	(jurh) جرح (M)
appointment	(maweid) موعد (M)

501 - 525

cough	سعال (seal) (M)
neck	الرقبة (alraqaba) (F)
bottom	أسفل ('asfal) (M)
shoulder	كتف (kataf) (M)
knee	ركبة (rakba) (F)
leg	ساق (saq) (M)
arm	ذراع (dhirae) (M)
belly	بطن (batan) (M)
bosom	ثدي (thadi) (M)
back (part of body)	الظهر (alzuhr) (M)
tooth	سن (sini) (M)
tongue	لسان (lisan) (M)
lip	شفة (shifa) (F)
finger	أصبع اليد ('iisbae alyad) (M)
toe	إصبع القدم ('iisbae alqadam) (M)
stomach	معدة (mueada) (F)
lung	رئة (ria) (F)
liver	كبد (kabad) (M)
nerve	عصب (easab) (M)
kidney	كلية (kuliya) (F)
intestine	أمعاء ('amea') (F)
colour	لون (lawn) (M)
orange (colour)	برتقالي (burtiqali)
grey	رمادي (rmady)
brown	بني (bani)

526 - 550

pink	وردي (waradi)
boring	ممل (mamal)
heavy	ثقيل (thaqil)
light (weight)	خفيف (khafif)
lonely	وحيد (wahid)
hungry	جوعان (jawean)
thirsty	عطشان (eatashan)
sad	حزين (hazin)
steep	شديد الانحدار (shadid alainhidar)
flat	مسطح (musatah)
round	مستدير (mustadir)
square (adjective)	ذو زاوية (dhu zawia)
narrow	ضيق (dayq)
broad	واسع (wasie)
deep	عميق (eamiq)
shallow	ضحل (dahal)
huge	ضخم (dakhm)
north	شمال (shamal)
east	شرق (shrq)
south	جنوب (janub)
west	غرب (gharb)
dirty	متسخ (mutasikh)
clean	نظيف (nazif)
full (not empty)	ممتلئ (mumtali)
empty	فارغ (farigh)

551 - 575

expensive	غالي	(ghaly)
cheap	رخيص	(rakhis)
dark	غامق	(ghamiq)
light (colour)	فاتح	(fatih)
sexy	مثير	(muthir)
lazy	كسول	(kasul)
brave	شجاع	(shujae)
generous	كريم	(karim)
handsome	وسيم	(wasim)
ugly	قبيح	(qabih)
silly	سخيف	(sakhif)
friendly	ودود	(wadud)
guilty	مذنب	(mudhnib)
blind	أعمى	('aemaa)
drunk	سكران	(sukran)
wet	مبتل	(mubtal)
dry	جاف	(jaf)
warm	دافئ	(dafi)
loud	صاخب	(sakhib)
quiet	هادئ	(hadi)
silent	صامت	(samat)
kitchen	مطبخ (M)	(mutabikh)
bathroom	حمام (M)	(hamam)
living room	غرفة المعيشة (F)	(ghurfat almaeisha)
bedroom	غرفة النوم (F)	(ghurfat alnuwm)

576 - 600

garden	حديقة (F) (hadiqa)
garage	مرآب (M) (murab)
wall	جدار (M) (jadar)
basement	القبو (M) (alqabu)
toilet (at home)	الحمام (M) (alhamam)
stairs	سلالم (M) (salalm)
roof	السطح (M) (alsath)
window (building)	شباك (M) (shibak)
knife	سكينة (F) (sakina)
cup (for hot drinks)	كوب (M) (kub)
glass	كوب (M) (kub)
plate	طبق (M) (tabaq)
cup (for cold drinks)	فنجان (M) (fanajaan)
garbage bin	سلة المهملات (F) (salat almuhamalat)
bowl	وعاء (M) (wiea')
TV set	تلفزيون (M) (tilfizyun)
desk	مكتب (M) (maktab)
bed	سرير (M) (sarir)
mirror	مرآة (F) (mara)
shower	دش (M) (dash)
sofa	كنبة (F) (kanba)
picture	صورة (F) (sura)
clock	ساعة (F) (saea)
table	طاولة (F) (tawila)
chair	كرسي (M) (kursii)

601 - 625

swimming pool (garden)	حمام سباحة (M) (hamam sibaha)
bell	جرس (M) (jaras)
neighbour	جار (M) (jar)
to fail	يفشل (yafshil)
to choose	يختار (yakhtar)
to shoot	يطلق النار (yutliq alnaar)
to vote	يصوت (yusawit)
to fall	يسقط (yasqut)
to defend	يدافع (yudafie)
to attack	يهاجم (yuhajim)
to steal	يسرق (yasriq)
to burn	يحرق (yuhariq)
to rescue	ينقذ (yunqidh)
to smoke	يدخن (yadkhun)
to fly	يطير (yatir)
to carry	يحمل (yahmil)
to spit	يبصق (yubsiq)
to kick	يركل (yurkil)
to bite	يلدغ (yaldagh)
to breathe	يتنفس (yatanafas)
to smell	يشم (yshm)
to cry	يبكي (yabki)
to sing	يغني (yughni)
to smile	يبتسم (yabtasim)
to laugh	يضحك (yadhak)

626 - 650

to grow	ينمو (yanmu)
to shrink	ينكمش (ynkmsh)
to argue	يناقش (yunaqish)
to threaten	يهدد (yuhadid)
to share	يشارك (yusharik)
to feed	يغذي (yaghdhi)
to hide	يخفي (yukhfi)
to warn	يحذر (yahdhar)
to swim	يسبح (yusabih)
to jump	يقفز (yaqfaz)
to roll	يلف (yalufu)
to lift	يرفع (yarfae)
to dig	يحفر (yahfur)
to copy	ينسخ (yansukh)
to deliver	يسلم (yusalim)
to look for	يبحث عن (yabhath ean)
to practice	يمارس (yumaris)
to travel	يسافر (yusafir)
to paint	يطلي (yatliy)
to take a shower	يستحم (yastahim)
to open (unlock)	يفتح (yaftah)
to lock	يقفل (yuqfal)
to wash	يغسل (yaghsil)
to pray	يصلي (yusaliy)
to cook	يطبخ (yutabikh)

651 - 675

book	كتاب (kitab) (M)
library	مكتبة (maktaba) (F)
homework	واجب منزلي (wajib manziliun) (M)
exam	امتحان (aimtihan) (M)
lesson	درس (daras) (M)
science	علوم (eulum) (M)
history	تاريخ (tarikh) (M)
art	فن (fan) (M)
English	انجليزي (anjilizi) (M)
French	فرنسي (faransi) (M)
pen	قلم (qalam) (M)
pencil	قلم رصاص (qalam rasas) (M)
3%	ثلاثة بالمائة (thlatht bialmiaya)
first	أول ('awal) (M)
second (2nd)	ثاني (thani) (M)
third	ثالث (thalith) (M)
fourth	رابع (rabie) (M)
result	نتيجة (natija) (F)
square (shape)	مربع (murabae) (M)
circle	دائرة (dayira) (F)
area	مساحة (misaha) (F)
research	بحث (bahath) (M)
degree	درجة (daraja) (F)
bachelor	بكالوريوس (bukaluriws) (M)
master	ماجستير (majstir) (M)

676 - 700

x < y	أصغر من y (x 'asghar min y) x
x > y	أكبر من y (x 'akbar min y) x
stress	ضغط (daght) (M)
insurance	تأمين (tamin) (M)
staff	موظفين (muazafin) (M)
department	قسم (qasam) (M)
salary	راتب (ratib) (M)
address	عنوان (eunwan) (M)
letter (post)	رسالة (risala) (F)
captain	قبطان (qubtan) (M)
detective	مخبر (mukhbir) (M)
pilot	طيار (tayar) (M)
professor	أستاذ ('ustadh) (M)
teacher	مدرس (mudaris) (M)
lawyer	محام (muham) (M)
secretary	سكرتيرة (sikritira) (F)
assistant	مساعد (musaeid) (M)
judge	قاضي (qady) (M)
director	مدير (mudir) (M)
manager	مدير (mudir) (M)
cook	طباخ (tabakh) (M)
taxi driver	سائق تاكسي (sayiq takisi) (M)
bus driver	سائق حافلة (sayiq hafila) (M)
criminal	مجرم (majrim) (M)
model	عارض (earid) (M)

701 - 725

artist	فنان (fannan) (M)
telephone number	رقم هاتف (raqm hatif) (M)
signal (of phone)	استقبال (aistiqbal) (M)
app	تطبيق (tatbiq) (M)
chat	دردشة (durdsha) (F)
file	ملف (milaf) (M)
url	رابط (rabt) (M)
e-mail address	عنوان البريد الإلكتروني (eunwan albarid al'iiliktrunii) (M)
website	موقع إلكتروني (mawqie 'iiliktruni) (M)
e-mail	بريد إلكتروني (barid 'iiliktruniin) (M)
mobile phone	هاتف محمول (hatif mahmul) (M)
law	قانون (qanun) (M)
prison	سجن (sijn) (M)
evidence	دليل (dalil) (M)
fine	غرامة (gharama) (F)
witness	شاهد (shahid) (M)
court	محكمة (mahkama) (F)
signature	توقيع (tawqie) (M)
loss	خسارة (khasara) (F)
profit	ربح (rbah) (M)
customer	عميل (eamil) (M)
amount	مبلغ (mablagh) (M)
credit card	بطاقة ائتمان (bitaqat aitiman) (F)
password	كلمه السر (kalamah alsiru) (F)
cash machine	الصراف الآلي (alsiraf alalia) (M)

726 - 750

swimming pool (competition)	حمام سباحة (M)	(hamam sibaha)
power	طاقة (F)	(taqa)
camera	كاميرا (F)	(kamira)
radio	راديو (M)	(radiu)
present (gift)	هدية (F)	(hadia)
bottle	زجاجة (F)	(zujaja)
bag	حقيبة (F)	(haqiba)
key	مفتاح (M)	(miftah)
doll	دمية (F)	(damiya)
angel	ملاك (M)	(malak)
comb	مشط (M)	(mishat)
toothpaste	معجون أسنان (M)	(maejun 'asnan)
toothbrush	فرشاة أسنان (F)	(farashat 'asnan)
shampoo	شامبو (M)	(shambu)
cream (pharmaceutical)	كريم (M)	(karim)
tissue	مناديل (F)	(manadil)
lipstick	أحمر شفاه (M)	('ahmar shaffah)
TV	تلفزيون (M)	(tilfizyun)
cinema	سينما (F)	(sinama)
news	أخبار (M)	('akhbar)
seat	مقعد (M)	(maqead)
ticket	تذكرة (F)	(tadhkira)
screen (cinema)	شاشة (F)	(shasha)
music	موسيقى (F)	(musiqaa)
stage	المسرح (M)	(almasrah)

751 - 775

audience	جمهور (jumhur) (M)
painting	لوحة (lawha) (F)
joke	نكتة (nakta) (F)
article	مقال (maqal) (M)
newspaper	جريدة (jarida) (F)
magazine	مجلة (majala) (F)
advertisement	إعلانات ('iielanat) (M)
nature	طبيعة (tabiea) (F)
ash	رماد (ramad) (M)
fire (general)	نار (nar) (F)
diamond	ماس (mas) (M)
moon	القمر (alqamar) (M)
earth	الأرض (al'ard) (M)
sun	شمس (shams) (F)
star	نجم (najam) (M)
planet	كوكب (kawkab) (M)
universe	الكون (alkun) (M)
coast	ساحل (sahil) (M)
lake	بحيرة (buhayra) (F)
forest	غابة (ghaba) (F)
desert (dry place)	صحراء (sahra') (F)
hill	تل (tal) (M)
rock (stone)	صخرة (sakhra) (F)
river	نهر (nahr) (M)
valley	وادي (wadi) (M)

776 - 800

mountain	جبل (M) (jabal)
island	جزيرة (F) (jazira)
ocean	محيط (M) (muhit)
sea	بحر (M) (bahr)
weather	طقس (M) (taqs)
ice	جليد (M) (jalid)
snow	ثلج (M) (thalaj)
storm	عاصفة (F) (easifa)
rain	مطر (M) (mtr)
wind	رياح (F) (riah)
plant	نبات (M) (naba'at)
tree	شجرة (F) (shajara)
grass	عشب (M) (eashab)
rose	وردة (F) (warda)
flower	زهرة (F) (zahra)
gas	غاز (M) (ghaz)
metal	فلز (M) (falaz)
gold	ذهب (M) (dhahab)
silver	فضة (F) (fida)
Silver is cheaper than gold	الفضة أرخص من الذهب (alfidat arkhs min aldhahab)
Gold is more expensive than silver	الذهب أغلى من الفضة (aldhahab 'aghlaa min alfida)
holiday	عطلة (F) (eutla)
member	عضو (M) (eudw)
hotel	فندق (M) (funduq)
beach	شاطئ (M) (shati)

801 - 825

guest	(zayir) زائر (M)
birthday	(eid milad) عيد ميلاد (M)
Christmas	(eid almilad) عيد الميلاد (M)
New Year	(sunat jadida) سنة جديدة (F)
Easter	(eyd alfash) عيد الفصح (M)
uncle	(em) عم (M)
aunt	(eima) عمة (F)
grandmother (paternal)	(jidat li'ab) جدة لأب (F)
grandfather (paternal)	(jida li'ab) جد لأب (M)
grandmother (maternal)	(jidat li'um) جدة لأم (F)
grandfather (maternal)	(jida li'um) جد لأم (M)
death	(mut) موت (M)
grave	(qabr) قبر (M)
divorce	(talaq) طلاق (M)
bride	(eurus) عروس (F)
groom	(earis) عريس (M)
101	(miayat wawahid) مائة وواحد
105	(mayih wakhumsa) مائه وخمسة
110	(miayat waeashara) مائة وعشرة
151	(miayat wawahid wakhamsun) مائة وواحد وخمسون
200	(miayatan) مائتان
202	(miayatan waithnayn) مائتان واثنين
206	(miayatan wst) مائتان وستة
220	(miayatan waeishrun) مائتان وعشرون
262	(miayatan waithnan wstwn) مائتان واثنان وستون

826 - 850

300	ثلاثمائة (thalauthmiaya)
303	ثلاثمائة وثلاثة (thalauthmiayat wathalatha)
307	ثلاثمائة وسبعة (thalauthmiayat wasabea)
330	ثلاثمائة وثلاثون (thalauthmiayat wathalathun)
373	ثلاثمائة وثلاثة وسبعون (thalauthmiayat wathalathat wasabeun)
400	أربعمائة ('arbaeumiaya)
404	أربعمائة وأربعة ('arbaeumiayat warbea)
408	أربعمائة وثمانية ('arbaeumiayat wathamania)
440	أربعمائة وأربعون ('arbaeumiayat wa'arbaeun)
484	أربعمائة وأربعة وثمانون ('arbaeumiayat warbet wathamanun)
500	خمسمائة (khamsimiaya)
505	خمسمائة وخمسة (khamsimiayat wakhumsa)
509	خمسمائة وتسعة (khamsimiayat watisea)
550	خمسمائة وخمسون (khamsimiayat wakhamsun)
595	خمسمائة وخمسة وتسعون (khamsimiayat wakhamsat watiseun)
600	ستمائة (situmiaya)
601	ستمائة وواحد (situmiayat wawahid)
606	ستمائة وستة (situmiayat wst)
616	ستمائة وستة عشر (situmiayat wstt eshr)
660	ستمائة وستون (situmiayat wstwn)
700	سبعمائة (sabeimiaya)
702	سبعمائة واثنان (sabeimiayat waithnan)
707	سبعمائة وسبعة (sabeimiayat wasabea)
727	سبعمائة سبعة وعشرون (sabeimiayat sbet waeishrun)
770	سبعمائة وسبعون (sabeimiayat wasabeun)

851 - 875

800	ثمانمائة (thamanimiaya)
803	ثمانمائة وثلاثة (thamanimiayat wathalatha)
808	ثمانمائة وثمانية (thamanimiayat wathamania)
838	ثمانمائة وثمانية وثلاثون (thamanimiayat wathamaniat wathalathun)
880	ثمانمائة وثمانون (thamanimiayat wathamanun)
900	تسعمائة (tiseimiaya)
904	تسعمائة وأربعة (tiseimiayat warbea)
909	تسعمائة وتسعة (tiseimiayat watisea)
949	تسعمائة وتسعة وأربعون (tiseimiayat watiseat wa'arbaeun)
990	تسعمائة وتسعون (tiseimiayat watiseun)
tiger	نمر (M) (namur)
mouse (animal)	فأر (M) (far)
rat	جرذ (M) (jaradh)
rabbit	أرنب (M) ('arnab)
lion	أسد (M) ('asada)
donkey	حمار (M) (hamar)
elephant	فيل (M) (fil)
bird	طائر (M) (tayir)
cockerel	ديك صغير (M) (dik saghir)
pigeon	حمامة (F) (hamama)
goose	إوز (M) ('iuz)
insect	حشرة (F) (hashara)
bug	بق (M) (baq)
mosquito	ناموسة (F) (namusa)
fly	ذبابة (F) (dhubaba)

876 - 900

ant	نملة (F) (namla)
whale	حوت (M) (hawt)
shark	قرش (M) (qarash)
dolphin	دلفين (M) (dilafin)
snail	حلزون (M) (halzun)
frog	ضفدع (M) (dafadae)
often	غالبا (ghalba)
immediately	فورا (fawraan)
suddenly	فجأة (faj'a)
although	بالرغم من (balr ghamin min)
gymnastics	الجمباز (aljambaz)
tennis	تنس (tans)
running	الجري (aljariu)
cycling	ركوب الدراجات (rukub aldirajat)
golf	جولف (julif)
ice skating	تزحلق على الجليد (tazahalaq ealaa aljalid)
football	كرة قدم (kurat qadam)
basketball	كرة سلة (kurat sala)
swimming	سباحة (sibaha)
diving (under the water)	غوص (ghus)
hiking	المشي لمسافات طويلة (almshi limasafat tawila)
United Kingdom	المملكة المتحدة (F) (almamlakat almutahida)
Spain	اسبانيا (F) ('iisbania)
Switzerland	سويسرا (F) (suisra)
Italy	ايطاليا (F) ('iitalia)

901 - 925

France	فرنسا (faransa) (F)
Germany	ألمانيا ('almania) (F)
Thailand	تايلاند (tayland) (F)
Singapore	سنغافورة (singhafura) (F)
Russia	روسيا (rusia) (F)
Japan	اليابان (alyaban) (F)
Israel	إسرائيل ('iisrayiyl) (F)
India	الهند (alhind) (F)
China	الصين (alsiyn) (F)
The United States of America	الولايات المتحدة الأمريكية (alwilayat almutahidat al'amrikia) (F)
Mexico	المكسيك (almaksik) (F)
Canada	كندا (kanada) (F)
Chile	تشيلي (tashili) (F)
Brazil	البرازيل (albarazil) (F)
Argentina	الأرجنتين (al'arjantin) (F)
South Africa	جنوب افريقيا (janub 'iifriqia) (F)
Nigeria	نيجيريا (nayjiria) (F)
Morocco	المغرب (almaghrib) (F)
Libya	ليبيا (libia) (F)
Kenya	كينيا (kinia) (F)
Algeria	الجزائر (aljazayir) (F)
Egypt	مصر (misr) (F)
New Zealand	نيوزيلندا (nywzilanda) (F)
Australia	أستراليا ('usturalia) (F)
Africa	افريقيا ('iifriqia) (F)

926 - 950

Europe	أوروبا (F) ('uwrubba)
Asia	آسيا (F) (asia)
America	أمريكا (F) ('amrika)
quarter of an hour	ربع ساعة (rubue saea)
half an hour	نصف ساعة (nsf saea)
three quarters of an hour	ثلاثة أرباع ساعة (thalathat 'arbae saea)
1:00	الساعة الواحدة (alssaeat alwahida)
2:05	الثانية وخمس دقائق (alththaniat wakhams daqayiq)
3:10	الثالثة وعشر دقائق (alththalithat waeashar daqayiq)
4:15	الرابعة والربع (alrrabieat walrabae)
5:20	الخامسة وعشرون دقيقة (alkhamisat waeishrun daqiqatan)
6:25	السادسة وخمسة وعشرون دقيقة (alssadisat wkhmst waeishrun daqiqatan)
7:30	السابعة والنصف (alssabieat walnisf)
8:35	الثامنة وخمسة وثلاثون دقيقة (aththaminat wkhmst wathalathun daqiqatan)
9:40	العاشرة إلا الثلث (aleashirat 'iilaa althuluth)
10:45	الحادية عشر إلا الربع (alhadiat eshrt iilaa alrubue)
11:50	الثانية عشر إلا عشر دقائق (alththaniat eshr 'iilaa eshr daqayiq)
12:55	الواحدة إلا خمس دقائق (alwahidat 'iilaa khms daqayiq)
one o'clock in the morning	الساعة الواحدة صباحا (alssaeat alwahidat sabahaan)
two o'clock in the afternoon	الساعة الثانية بعد الظهر (alssaeat alththaniat baed alzuhr)
last week	الأسبوع الماضي (al'usbue almadi)
this week	هذا الأسبوع (hadha al'usbue)
next week	الأسبوع القادم (al'usbue alqadim)

last year	العام الماضي (aleam almadi)
this year	هذه العام (hadhih aleamu)

951 - 975

next year	العام القادم (aleam alqadim)
last month	الشهر الماضي (alshahr almadi)
this month	هذا الشهر (hadha alshahr)
next month	الشهر القادم (alshahr alqadim)
2014-01-01	الأول من يناير ألفان وأربعة عشر (al'awal min yanayir 'alfan warbet eshr)
2003-02-25	الخامس والعشرون من فبراير ألفان وثلاثة (alkhamis waleishrun min fibrayir 'alfan wathalath)
1988-04-12	الثاني عشر من إبريل ألف وتسعمائة وثمانية وثمانين (althany eshr min 'iibril 'alf watiseumiayat wathamaniat wathamanin)
1899-10-13	الثالث عشر من أكتوبر ألف وثمنمائة وتسعة وتسعين (alththalith eshr min 'uktubar 'alf wathamnimiayat watiseat watisein)
1907-09-30	الثلاثون من سبتمبر ألف وتسعمائة وسبعة (althalathun min sibtambar 'alf watiseumiayat wasabea)
2000-12-12	الثاني عشر من ديسمبر ألفان (althany eshr min disambir 'alfan)
forehead	جبين (jabiyn) (M)
wrinkle	تجاعيد (tajaeid) (F)
chin	ذقن (dhaqan) (F)
cheek	خد (khad) (M)
beard	لحية (lahia) (F)
eyelashes	رموش (ramush) (F)
eyebrow	حاجب (hajib) (M)
waist	خصر (khasar) (M)
nape	مؤخرة العنق (muakharat aleunq) (F)
chest	صدر (sadar) (M)
thumb	ابهام اليد (aibham alyad) (M)
little finger	الخنصر (alkhunsur) (M)
ring finger	البنصر (albunsur) (M)

middle finger	الوسطى (F) (alwustaa)
index finger	السبابة (F) (alsababa)

976 - 1000

wrist	معصم (maesim) (M)
fingernail	ظفر (zufur) (M)
heel	الكعب (alkaeb) (M)
spine	العمود الفقري (aleumud alfiqriu) (M)
muscle	عضلة (eudila) (F)
bone (part of body)	عظمة (eazima) (F)
skeleton	الهيكل العظمي (alhaykal aleazmiu) (M)
rib	ضلع (dalae) (M)
vertebra	فقرات الظهر (faqarat alzuhr) (F)
bladder	مثانة (mathana) (F)
vein	وريد (warid) (M)
artery	شريان (sharian) (M)
vagina	مهبل (muhbil) (M)
sperm	حيوان منوي (hayawan manawi) (M)
penis	قضيب (qadib) (M)
testicle	خصية (khasia) (F)
juicy	كثير العصارة (kthyr aleasara)
hot (spicy)	حار (har)
salty	مملح (mumlah)
raw	نئ (nay)
boiled	مغلي (maghli)
shy	خجول (khajul)
greedy	طماع (tamae)
strict	صارم (sarim)
deaf	أصم ('asam)

1001 - 1025

mute	أبكم	('abkam)
chubby	بدين	(bidayn)
skinny	نحيف	(nahif)
plump	سمين	(samin)
slim	نحيل	(nuhil)
sunny	مشمس	(mushmis)
rainy	ممطر	(mumtir)
foggy	ضبابي	(dubabi)
cloudy	غائم	(ghayim)
windy	عاصف	(easif)
panda	باندا (M)	(banda)
goat	ماعز (M)	(maeiz)
polar bear	دب قطبي (M)	(dab qatbi)
wolf	ذئب (M)	(dhiib)
rhino	وحيد القرن (M)	(wahid alqarn)
koala	الكوالا (M)	(alkawala)
kangaroo	كنغر (M)	(kanghar)
camel	جمل (M)	(jamal)
hamster	هامستر (M)	(hamstar)
giraffe	زرافة (F)	(zirafa)
squirrel	سنجاب (M)	(sanujab)
fox	ثعلب (M)	(thaelab)
leopard	فهد (M)	(fahd)
hippo	فرس النهر (M)	(faras alnahr)
deer	غزالة (F)	(ghazala)

1026 - 1050

bat	خفاش (M) (khafaash)
raven	غراب أسود (M) (gharab 'aswad)
stork	لقلق (M) (laqalaq)
swan	إوزة (F) ('iawza)
seagull	نورس (M) (nuris)
owl	بومة (F) (bawma)
eagle	نسر (M) (nasir)
penguin	بطريق (M) (batariq)
parrot	بغبغان (M) (bighubghan)
termite	أرضة (F) ('urda)
moth	عثة (F) (eutha)
caterpillar	اليسروع (M) (alysrue)
dragonfly	اليعسوب (M) (alyaesub)
grasshopper	جراد (M) (jarad)
squid	حبار (M) (hibaar)
octopus	أخطبوط (M) ('akhtubut)
sea horse	فرس البحر (M) (faras albahr)
turtle	سلحفاة (F) (salihafa)
shell	صدفة (F) (sudfa)
seal	فقمة (F) (faqima)
jellyfish	قنديل البحر (M) (qndyl albahr)
crab	سلطعون (M) (salataeun)
dinosaur	ديناصور (M) (dinasur)
tortoise	سلحفاة (F) (salihafa)
crocodile	تمساح (M) (tamsah)

1051 - 1075

marathon	ماراثون (marathun)
triathlon	الترياتلون (alttriatlun)
table tennis	تنس طاولة (tans tawila)
weightlifting	رفع اثقال (rafae athqal)
boxing	ملاكمة (mulakima)
badminton	تنس الريشة (tans alraysha)
figure skating	التزلج الفني على الجليد (altazaluj alfaniyu ealaa aljalid)
snowboarding	للتزلج على الجليد (liltazalij ealaa aljalid)
skiing	تزحلق (tazahalaq)
cross-country skiing	التزلج عبر البلاد (altazaluj eabr albilad)
ice hockey	هوكي الجليد (hwki aljalid)
volleyball	كرة طائرة (kurat tayira)
handball	كرة يد (kurat yd)
beach volleyball	كرة الطائرة الشاطئية (kurat alttayirat alshshatiiya)
rugby	رجبي (rajbi)
cricket	كريكيت (karikit)
baseball	بيسبول (bayasbul)
American football	كرة قدم أمريكية (kurat qadam 'amrikia)
water polo	كرة الماء (kurat alma')
diving (into the water)	الغطس (alghatas)
surfing	ركوب الأمواج (rukub al'amwaj)
sailing	إبحار ('iibhar)
rowing	تجديف (tajdif)
car racing	سباق سيارات (sibaq sayarat)
rally racing	راليات (raliat)

1076 - 1100

motorcycle racing	(sibaq aldirajat alnnaria) سباق الدراجات النارية
yoga	(yawja) يوجا
dancing	(raqs) رقص
mountaineering	(tasaluq aljibal) تسلق الجبال
parachuting	(alhubut bialmizallat) الهبوط بالمظلات
skateboarding	(altazaluj ealaa allawh) التزلج على اللوح
chess	(shuturanij) شطرنج
poker	(bukur) بوكر
climbing	(tasaluq) تسلق
bowling	(bulinj) بولينج
billiards	(bilyaridu) بلياردو
ballet	(albalih) الباليه
warm-up	('iihma') إحماء
stretching	('iitala) إطالة
sit-ups	(tamarin albatn) تمارين البطن
push-up	(tamrin daght) تمرين ضغط
sauna	(sawna) ساونا
exercise bike	(dirajat altamarin) دراجة التمارين
treadmill	(jihaz almashi) جهاز المشي
1001	('alf wawahid) ألف وواحد
1012	('alf waithnaa eshr) ألف واثنى عشر
1234	('alf wamiayatan warbet wathalathun) ألف ومائتان وأربعة وثلاثون
2000	('alfan) ألفان
2002	('alfan waithnan) ألفان واثنان
2023	('alfan wathalathat waeishrun) ألفان وثلاثة وعشرون

1101 - 1125

2345	ألفان ثلاثمائة وخمسة وأربعون ('alfan thalauthmiayat wakhamsat wa'arbaeun)	
3000	ثلاثة آلاف (thlatht alaf)	
3003	ثلاثة آلاف وثلاثة (thlatht alaf wathalatha)	
4000	أربعة آلاف (arbet alaf)	
4045	أربعة آلاف وخمسة وأربعون (arbet alaf wakhamsatan wa'arbaeun)	
5000	خمسة آلاف (khmst alaf)	
5678	خمسة آلاف وستمائة وثمانية وسبعون (khmst alaf wasitumiayat wathamaniat wasabeun)	
6000	ستة آلاف (stt alaf)	
7000	سبعة آلاف (sbet alaf)	
7890	سبعة آلاف وثمانمائة وتسعون (sbet alaf wathamanimiayat watiseun)	
8000	ثمانية آلاف (thmanyt alaf)	
8901	ثمانية آلاف وتسعمائة وواحد (thmanyt alaf watiseimiayat wawahid)	
9000	تسعة آلاف (tset alaf)	
9090	تسعة آلاف وتسعون (tset alaf watiseun)	
10.001	عشرة آلاف وواحد (eshrt alaf wawahid)	
20.020	عشرون ألفا وعشرون (eishrun 'alfaan waeishrun)	
30.300	ثلاثون ألفا وثلاثمائة (thlathwn 'alfaan wathalaithmiaya)	
44.000	أربعة وأربعون ألفا (arbet wa'arbaeun 'alfaan)	
10.000.000	عشرة ملايين (eshrt malayin)	
100.000.000	مائة مليون (miayat milyun)	
1.000.000.000	مليار (milyar)	
10.000.000.000	عشرة مليارات (eshrt milyarat)	
100.000.000.000	مائة مليار (miayat milyar)	
1.000.000.000.000	تريليون (tariliun)	
to gamble	يقامر (yuqamir)	

1126 - 1150

to gain weight	يزيد وزنا (yazid waznanaan)
to lose weight	يخسر وزنا (yakhsar waznanaan)
to vomit	يتقيأ (yataqayaa)
to shout	يصرخ (yusrikh)
to stare	يحدق (yuhdiq)
to faint	يغمي عليه (yaghmi ealayh)
to swallow	يبتلع (yabtalie)
to shiver	يرتجف (yartajif)
to give a massage	يدلك (yadluk)
to climb	يتسلق (yatasalaq)
to quote	يقتبس (yaqtabis)
to print	يطبع (yatbae)
to scan	يمسح (yamasah)
to calculate	يحسب (yahsab)
to earn	يكسب (yaksib)
to measure	يقيس (yaqis)
to vacuum	يكنس (yakns)
to dry	يجفف (yajafaf)
to boil	يغلي (yaghli)
to fry	يقلي (yaqli)
elevator	مصعد (M) (masead)
balcony	بلكونة (F) (bilakuna)
floor	أرضية (F) ('ardia)
attic	سندرة (F) (sandra)
front door	الباب الأمامي (M) (albab al'amami)

1151 - 1175

corridor	رواق (rawaq) (M)
second basement floor	الطابق الثاني السفلي (alttabiq alththani alsufliu) (M)
first basement floor	الطابق الأول السفلي (alttabiq al'awal alsufliu) (M)
ground floor	الدور الأرضي (aldawr al'ardiu) (M)
first floor	الدور الأول (aldawr al'awal) (M)
fifth floor	الدور الخامس (aldawr alkhamis) (M)
chimney	مدخنة (mudakhana) (F)
fan	مروحة (muruha) (F)
air conditioner	مكيف هواء (mukif hawa') (M)
coffee machine	ماكينة القهوة (makinat alqahua) (F)
toaster	محمصة خبز كهربائية (muhmisat khabz kahrabayiya) (F)
vacuum cleaner	مكنسة كهربائية (muknasat kahrabayiya) (F)
hairdryer	مجفف الشعر (mujafif alshaer) (M)
kettle	غلاية (ghlaya) (F)
dishwasher	غسالة صحون (ghassalatan suhun) (F)
cooker	موقد (mawqid) (M)
oven	فرن (faran) (M)
microwave	ميكروويف (mykrwwyf) (M)
fridge	ثلاجة (thalaja) (F)
washing machine	غسالة (ghassala) (F)
heating	تسخين (taskhin) (M)
remote control	جهاز التحكم (jihaz altahakum) (M)
sponge	إسفنج ('iisfanij) (M)
wooden spoon	ملعقة خشبية (maleaqat khashabia) (F)
chopstick	أعواد الأكل ('aewad al'ukul) (F)

1176 - 1200

cutlery	أدوات المائدة ('adawat almayida) (F)
spoon	ملعقة (maleaqa) (F)
fork	شوكة (shawka) (F)
ladle	مغرفة (mughrifa) (F)
pot	قدر (qadar) (M)
pan	مقلاة (miqla) (F)
light bulb	مصباح كهربائي (misbah kahrabayiyin) (M)
alarm clock	منبه (munabuh) (M)
safe (for money)	خزنة (khazina) (F)
bookshelf	رف كتب (raf kutib) (M)
curtain	ستارة (sitara) (F)
mattress	مرتبة (martaba) (F)
pillow	وسادة (wasada) (F)
blanket	بطانية (bitania) (F)
shelf	رف (raf) (M)
drawer	درج (daraj) (M)
wardrobe	خزانة الثياب (khizanat althiyab) (F)
bucket	دلو (dlu) (M)
broom	مكنسة (mukanasa) (F)
washing powder	مسحوق الغسيل (mashuq alghasil) (M)
scale	ميزان (mizan) (M)
laundry basket	سلة الغسيل (salat alghasil) (F)
bathtub	حوض الاستحمام (hawd alaistihmam) (M)
bath towel	فوطة استحمام (fawtat aistihmam) (F)
soap	صابونة (sabuna) (F)

1201 - 1225

toilet paper	ورق المرحاض (waraqa almirhad) (M)	
towel	فوطة (fawta) (F)	
basin	حوض (hawd) (M)	
stool	كرسي بلا ظهر أو ذراعين (kursii bila zahar 'aw dhiraeayn) (M)	
light switch	مفتاح الإضاءة (miftah al'iida'a) (M)	
calendar	تقويم (taqwim) (M)	
power outlet	إبريز كهربائي ('ibryz kahrabayiyin) (M)	
carpet	سجادة (sijada) (F)	
saw	منشار (minshar) (M)	
axe	فأس (fas) (M)	
ladder	سلم (salam) (M)	
hose	خرطوم مياه (khartum miah) (M)	
shovel	مجرفة (mujrifa) (F)	
shed	كوخ (kukh) (M)	
pond	بركة (barika) (F)	
mailbox (for letters)	صندوق البريد (sunduq albarid) (M)	
fence	سياج (sayaj) (M)	
deck chair	كرسي المركب (kursii almarkab) (M)	
ice cream	مثلجات (muthalajat) (F)	
cream (food)	قشدة (qashida) (F)	
butter	زبدة (zabida) (F)	
yoghurt	زبادي (zabadi) (M)	
fishbone	عظام السمكة (eizam alsamaka) (M)	
tuna	تونة (tuna) (F)	
salmon	سمك السلمون (samik alsalamun) (M)	

1226 - 1250

lean meat	لحم أحمر (lahm 'ahmar) (M)
fat meat	لحم دهني (lahm dahni) (M)
ham	فخذ الخنزير المملح (fakhudh alkhinzir almumlah) (M)
salami	سلامي (salami) (M)
bacon	لحم خنزير مقدد (lahm khinzir muqadad) (M)
steak	شريحة لحم (sharihat lahm) (F)
sausage	سجق (sajaq) (M)
turkey	ديك رومي (dik rumiin) (M)
chicken (meat)	دجاج (dijaj) (M)
beef	لحم بقر (lahm bqr) (M)
pork	لحم خنزير (lahm khinzir) (M)
lamb	لحم ضأن (lahm dan) (M)
pumpkin	يقطين (yaqtin) (M)
mushroom	فطر (fatar) (M)
truffle	كمأة (kama'a) (F)
garlic	ثوم (thawm) (M)
leek	الكراث (alkirath) (M)
ginger	زنجبيل (zanjibayl) (M)
aubergine	باذنجان (badhnjan) (M)
sweet potato	بطاطا حلوة (bitata hulwa) (F)
carrot	جزر (juzur) (M)
cucumber	خيار (khiar) (M)
chili	فلفل حار (falifuli harin) (M)
pepper (vegetable)	فلفل (flfli) (M)
onion	بصل (bsl) (M)

1251 - 1275

potato	بطاطس (M)	(batatis)
cauliflower	قرنبيط (M)	(qarnabit)
cabbage	كرنب (M)	(karnab)
broccoli	قنبيط أخضر (M)	(qinbayt 'akhdur)
lettuce	خس (M)	(khas)
spinach	سبانخ (M)	(sabanikh)
bamboo (food)	بامبو (M)	(bambu)
corn	ذرة (F)	(dhara)
celery	كرفس (M)	(karfus)
pea	بازلاء (F)	(baizla')
bean	فول (M)	(fawal)
pear	كمثرى (F)	(kamuthraa)
apple	تفاحة (F)	(tafaha)
peel	قشر (M)	(qashar)
pit	بذرة (F)	(bidhara)
olive	زيتون (M)	(zaytun)
date (food)	بلح (M)	(balah)
fig	تين (M)	(tayn)
coconut	جوز الهند (M)	(juz alhind)
almond	لوز (M)	(luz)
hazelnut	بندق (M)	(bindaq)
peanut	فول سوداني (M)	(fawal sudani)
banana	موز (M)	(muz)
mango	مانجو (M)	(manju)
kiwi	كيوي (M)	(kiawiun)

1276 - 1300

avocado	أفوكادو (M) ('afwkadu)
pineapple	أناناس (M) ('ananas)
water melon	بطيخ (M) (batikh)
grape	عنب (M) (eanab)
sugar melon	شمام (M) (shamam)
raspberry	توت العليق (M) (tawatu alealiq)
blueberry	توت (M) (tut)
strawberry	فراولة (F) (farawila)
cherry	كريز (M) (kariz)
plum	برقوق (M) (barquq)
apricot	مشمش (M) (mushamash)
peach	خوخ (M) (khukh)
lemon	ليمون (M) (limun)
grapefruit	جريب فروت (M) (jarib furut)
orange (food)	برتقال (M) (burtaqal)
tomato	طماطم (M) (tamatim)
mint	نعناع (M) (naenae)
lemongrass	عشب الليمون (M) (eashab allaymun)
cinnamon	قرفة (F) (qarfa)
vanilla	فانيليا (F) (fanilia)
salt	ملح (M) (milh)
pepper (spice)	فلفل أسود (M) (falafuli 'aswad)
curry	كاري (M) (kari)
tobacco	تبغ (M) (tabgh)
tofu	توفو (M) (tuafuw)

1301 - 1325

vinegar	خل (khal) (M)
noodle	المكرونة (almakruna) (F)
soy milk	حليب فول الصويا (halib fawal alsawia) (M)
flour	دقيق (daqiq) (M)
rice	أرز ('arz) (M)
oat	الشوفان (alshawfan) (M)
wheat	قمح (qamah) (M)
soy	صويا (sawianaan) (F)
nut	جوزة (jawza) (F)
scrambled eggs	بيض مقلي (bid maqli) (M)
porridge	عصيدة (easida) (F)
cereal	حبوب (hubub) (F)
honey	عسل (easal) (M)
jam	مربى (marabaa) (M)
chewing gum	لبان (liban) (M)
apple pie	فطيرة التفاح (fatirat altifah) (F)
waffle	وافل (wafil) (M)
pancake	فطيرة محلاة (fatirat mihla) (F)
cookie	بسكويت (baskuit) (M)
pudding	البودينغ (albudayngh) (M)
muffin	مافن (mafin) (M)
doughnut	دونات (dawnat) (M)
energy drink	مشروب الطاقة (mashrub alttaqa) (M)
orange juice	عصير برتقال (easir brtqal) (M)
apple juice	عصير تفاح (easir tafah) (M)

1326 - 1350

milkshake	اللبن المخفوق (M) (allabn almakhfuq)
coke	كوكاكولا (F) (kawkakulana)
lemonade	عصير الليمون (M) (easir allaymun)
hot chocolate	شوكولاتة ساخنة (F) (shukulatat sakhina)
milk tea	شاي باللبن (M) (shay biallabn)
green tea	شاي أخضر (M) (shay 'akhdar)
black tea	شاي أسود (M) (shay 'aswad)
tap water	مياه الصنبور (F) (miah alsanbur)
cocktail	كوكتيل (M) (kukatil)
champagne	شامبانيا (F) (shambanya)
rum	رم (M) (ram)
whiskey	ويسكي (M) (wayuski)
vodka	فودكا (F) (fawduka)
buffet	بوفيه (M) (bufih)
tip	بقشيش (M) (bqshysh)
menu	قائمة الطعام (F) (qayimat altaeam)
seafood	مأكولات بحرية (F) (makulat bahria)
snack	وجبة خفيفة (F) (wajabat khafifa)
side dish	طبق جانبي (M) (tubiq janibi)
spaghetti	السباغيتي (F) (alsbaghiti)
roast chicken	دجاجة مشوية (F) (dijajat mashawiya)
potato salad	سلطة بطاطس (F) (sultat batatis)
mustard	خردل (M) (khardal)
sushi	سوشي (M) (sushi)
popcorn	فشار (M) (fashar)

1351 - 1375

nachos	ناتشوز (M) (natashuz)
chips	رقائق البطاطس المقلية (F) (raqayiq albtatis almaqaliya)
French fries	بطاطس مقلية (F) (batatis maqaliya)
chicken wings	أجنحة دجاج (F) ('ajnihat dijaaj)
mayonnaise	مايونيز (M) (mayuniz)
tomato sauce	صلصة طماطم (F) (salsat tamatim)
sandwich	ساندوتش (M) (sandwtsh)
hot dog	نقانق (M) (nuqaniq)
burger	برغر (M) (barghar)
booking	حجز (M) (hajz)
hostel	فندق (M) (funduq)
visa	تأشيرة (F) (tashira)
passport	جواز سفر (M) (jawaz safar)
diary	مذكرات يومية (F) (mudhakirat ywmytan)
postcard	بطاقة بريدية (F) (bitaqat baridia)
backpack	حقيبة ظهر (F) (haqibat zahar)
campfire	نيران المعسكرات (F) (niran almueaskarat)
sleeping bag	كيس النوم (M) (kays alnuwm)
tent	خيمة (F) (khayma)
camping	تخييم (M) (takhyim)
membership	عضوية (F) (eudwia)
reservation	حجز (M) (hajz)
dorm room	غرفة السكن (F) (ghurfat alsakan)
double room	غرفة مزدوجة (F) (ghurfat muzdawija)
single room	غرفة مفردة (F) (ghurfat mufrada)

1376 - 1400

luggage	أمتعة (F) ('amtiea)
lobby	ردهة (F) (radiha)
decade	عقد (M) (eaqad)
century	قرن (M) (qarn)
millennium	ألفية (F) ('alfia)
Thanksgiving	عيد الشكر (M) (eyd alshukr)
Halloween	عيد الرعب (M) (eyd alrueb)
Ramadan	رمضان (M) (ramadan)
grandchild	حفيد (M) (hafid)
siblings	أخوة وأخوات (M) ('ukhuat wa'akhawat)
mother-in-law	أم الزوج / أم الزوجة (F) ('ama alzawj / 'ama alzawja)
father-in-law	والد الزوج / والد الزوجة (M) (walidu alzawj / walidu alzawja)
granddaughter	حفيدة (F) (hafida)
grandson	حفيد (M) (hafid)
son-in-law	زوج الابنة (M) (zawj alaibna)
daughter-in-law	زوجة الابن (F) (zawjat alaibn)
nephew	ابن شقيق (M) (abn shaqiq)
niece	أبنة أخ أو أخت (F) ('abnat 'akh 'aw 'ukht)
cousin (female)	ابنة الخال (F) (aibnat alkhal)
cousin (male)	ابن العم (M) (abn aleum)
cemetery	مقبرة (F) (maqbara)
gender	الجنس (M) (aljins)
urn	جرة (F) (jara)
orphan	يتيم (M) (yatim)
corpse	جثة (F) (jutha)

1401 - 1425

coffin	النعش (M)	(alnaesh)
retirement	تقاعد (M)	(taqaead)
funeral	جنازة (F)	(jinaza)
honeymoon	شهر العسل (M)	(shahr aleasal)
wedding ring	خاتم الزواج (M)	(khatam alzawaj)
lovesickness	لوعة حب (F)	(lweat hubin)
vocational training	تدريب مهني (M)	(tadrib mahniun)
high school	مدرسة ثانوية (F)	(madrasat thanawia)
junior school	مدرسة إعدادية (F)	(madrasat 'iiedadia)
twins	توأم (M)	(taw'am)
primary school	مدرسة ابتدائية (F)	(madrasat aibtidayiya)
kindergarten	روضة أطفال (F)	(rawdat 'atfal)
birth	ولادة (F)	(wilada)
birth certificate	شهادة ميلاد (F)	(shahadat milad)
hand brake	فرامل اليد (F)	(faramil alyad)
battery	بطارية (F)	(battaria)
motor	محرك (M)	(muharak)
windscreen wiper	ممسحة الزجاج الأمامي (F)	(mumsihat alzijaj al'amamii)
GPS	جهاز تحديد مواقع (M)	(jihaz tahdid mawaqie)
airbag	وسادة هوائية (F)	(wasadat hawayiya)
horn	بوق السيارة (M)	(buq alsayara)
clutch	القابض (M)	(alqabid)
brake	فرامل (F)	(faramil)
throttle	دواسة الوقود (F)	(dawasat alwaqud)
steering wheel	عجلة القيادة (F)	(eijlat alqiada)

1426 - 1450

petrol	بنزين (M)	(bnzyn)
diesel	ديزل (M)	(dayazil)
seatbelt	حزام الأمان (M)	(hizam al'aman)
bonnet	غطاء محرك السيارة (M)	(ghita' muhrak alsayara)
tyre	إطار العجلة (M)	('iitar aleajala)
rear trunk	صندوق السيارة (M)	(sunduq alsayara)
railtrack	سكة حديد (F)	(skt hadid)
ticket vending machine	آلة بيع التذاكر (F)	(alat baye altadhakur)
ticket office	مكتب التذاكر (M)	(maktab altadhakur)
subway	قطار تحت الارض (M)	(qitar taht al'ard)
high-speed train	قطارات فائقة السرعة (F)	(qitarat fayiqat alsure)
locomotive	قاطرة (F)	(qatira)
platform	رصيف (M)	(rasif)
tram	ترام (M)	(turam)
school bus	حافلة مدرسية (F)	(hafilat madrasia)
minibus	حافلة صغيرة (F)	(hafilat saghira)
fare	أجرة السفر (F)	('ujrat alsafar)
timetable	جدول المواعيد (M)	(jadwal almawaeid)
airport	مطار (M)	(matar)
departure	مغادرة (F)	(mughadara)
arrival	وصول (M)	(wusul)
customs	رسوم جمركية (F)	(rusum jumrukia)
airline	شركة طيران (F)	(sharikat tayaran)
helicopter	طائرة مروحية (F)	(tayirat mirwahia)
check-in desk	تسجيل إجراءات الوصول (M)	(tasjil 'iijra'at alwusul)

1451 - 1475

carry-on luggage	حقائب يد (F) (haqayib yd)
first class	درجة أولي (F) (darajat 'uwli)
economy class	الدرجة السياحية (F) (aldarajat alsiyahia)
business class	درجة رجال الأعمال (F) (darajat rijal al'aemal)
emergency exit (on plane)	مخرج طوارئ (M) (mukhrij tawari)
aisle	ممر (M) (mamari)
window (in plane)	نافذة (F) (nafidha)
row	صف (M) (saf)
wing	جناح (M) (junah)
engine	محرك (M) (muharak)
cockpit	قمرة القيادة (F) (qimrat alqiada)
life jacket	سترة النجاة (F) (satrat alnaja)
container	حاوية (F) (hawia)
submarine	غواصة (F) (ghawwasa)
cruise ship	سفينة سياحية (F) (safinat siahia)
container ship	سفينة شحن (F) (safinat shahn)
yacht	يخت (M) (yikht)
ferry	عبارة (F) (eibara)
harbour	ميناء (M) (mina')
lifeboat	قارب النجاة (M) (qarib alnaja)
radar	رادار (M) (radar)
anchor	مرساة (F) (marsa)
life buoy	عوامة إنقاذ (F) (eawamat 'iinqadh)
street light	ضوء الشارع (M) (daw' alshsharie)
pavement	رصيف (M) (rasif)

1476 - 1500

petrol station	محطة بنزين (F) (mahatat bnzyn)
construction site	موقع البناء (M) (mawqie albina')
speed limit	الحد الأقصى للسرعة (M) (alhadu al'uqsiu lilsuriea)
pedestrian crossing	عبور المشاة (M) (eubur almsha)
one-way street	شارع باتجاه واحد (M) (sharie biaitijah wahid)
toll	رسوم (F) (rusum)
intersection	تقاطع (M) (tuqatie)
traffic jam	اختناق مروري (M) (aikhtinaq murawri)
motorway	الطريق السريع (M) (altariq alsarie)
tank	دبابة (F) (dabbaba)
road roller	مدحلة (F) (mudhila)
excavator	حفار (M) (hifar)
tractor	الجرارة (F) (aljirara)
air pump	منفاخ (M) (minafakh)
chain	جنزير (M) (janzir)
jack	رافعة (F) (raafiea)
trailer	عربة مقطورة (F) (earabat maqtura)
motor scooter	دراجة بخارية (F) (dirajat bukharia)
cable car	عربة سلكية (F) (earbat salakia)
guitar	جيتار (M) (jitar)
drums	طقم طبول (M) (tuqum tubul)
keyboard (music)	أورج (M) ('awrij)
trumpet	بوق (M) (buq)
piano	بيانو (M) (bianu)
saxophone	ساكسفون (M) (saksifun)

1501 - 1525

violin	كمان (M)	(kaman)
concert	حفلة موسيقية (F)	(haflat muwsiqia)
note (music)	نوتة موسيقية (F)	(nawtat musiqia)
opera	أوبرا (F)	('awbara)
orchestra	أوركسترا (F)	('uwrksitra)
rap	راب	(rab)
classical music	موسيقي كلاسيكية (F)	(musiqiun klasikia)
folk music	موسيقي شعبية (F)	(musiqiun shaebia)
rock (music)	روك	(ruk)
pop	بوب	(bwb)
jazz	جاز	(jaz)
theatre	مسرح (M)	(masrah)
brush (to paint)	فرشاة (F)	(farasha)
samba	السامبا (F)	(alsaamiba)
rock 'n' roll	روك أند رول (M)	(ruk 'and rul)
Viennese waltz	فالس فيينا (M)	(falsa fiyinna)
tango	رقصة التانغو (F)	(raqsat alttanghu)
salsa	الصلصا (F)	(alsilsa)
alphabet	أبجدية (F)	('abjadia)
novel	رواية (F)	(riwaya)
text	نص (M)	(nasi)
heading	عنوان رئيسي (M)	(eunwan rayiysiun)
character	حرف (M)	(harf)
letter (like a, b, c)	حرف (M)	(harf)
content	محتوى (M)	(muhtawaa)

1526 - 1550

photo album	ألبوم صور (M)	('albawm sur)
comic book	كتاب هزلي (M)	(kitab huzli)
sports ground	ملعب رياضي (M)	(maleab riadiin)
dictionary	قاموس (M)	(qamus)
term	فصل دراسي (M)	(fasl dirasiun)
notebook	مفكرة (F)	(mufakira)
blackboard	سبورة (F)	(sabura)
schoolbag	حقيبة مدرسية (F)	(haqibat madrasia)
school uniform	زي مدرسي (M)	(zy mudrisi)
geometry	علم الهندسة (M)	(eulim alhindasa)
politics	سياسة (F)	(siasa)
philosophy	فلسفة (F)	(falsifa)
economics	علم الاقتصاد (M)	(eulim alaiqtisad)
physical education	تربية بدنية (F)	(tarbiat bidaniya)
biology	علم الأحياء (M)	(eulim al'ahya')
mathematics	رياضيات (F)	(riadiat)
geography	جغرافية (F)	(jughrafia)
literature	أدب (M)	('adaba)
Arabic	عربي (M)	(earabiin)
German	ألماني (M)	('almaniin)
Japanese	ياباني (M)	(yabaniin)
Mandarin	ماندراين الصينية (M)	(mandrayn alsiynia)
Spanish	أسباني (M)	('asbani)
chemistry	كيمياء (F)	(kiamya')
physics	فيزياء (F)	(fayazia')

1551 - 1575

ruler	مسطرة (F) (mustara)
rubber	ممحاة (F) (mumha)
scissors	مقص (M) (maqas)
adhesive tape	شريط لاصق (M) (sharit lasiq)
glue	غراء (M) (ghara')
ball pen	قلم حبر (M) (qalam habar)
paperclip	مشبك الورق (M) (mashbik alwrq)
100%	مائة بالمائة (miayat bialmiaya)
0%	صفر بالمائة (sifr bialmiaya)
cubic meter	متر مكعب (M) (mitr mukaeab)
square meter	متر مربع (M) (mitr murabae)
mile	ميل (M) (mil)
meter	متر (M) (mitr)
decimeter	ديسيمتر (M) (disimtar)
centimeter	سنتيمتر (M) (santimtir)
millimeter	ميليمتر (M) (milimtar)
addition	جمع (M) (jame)
subtraction	طرح (M) (tarh)
multiplication	ضرب (M) (darab)
division	قسمة (F) (qisma)
fraction	جزء (M) (juz')
sphere	الكرة (F) (alkura)
width	عرض (M) (eard)
height	ارتفاع (M) (airtifae)
volume	حجم (M) (hajm)

1576 - 1600

curve	(manhanaa) منحنى (M)
angle	(zawia) زاوية (F)
straight line	(khatun mustaqim) خط مستقيم (M)
pyramid	(haram) هرم (M)
cube	(mukaeab) مكعب (M)
rectangle	(mustatil) مستطيل (M)
triangle	(muthalath) مثلث (M)
radius	(nsf qatar) نصف قطر (M)
watt	(wat) واط (M)
ampere	(ambyr) أمبير (M)
volt	(fawlat) فولت (M)
force	(qua) قوة (F)
liter	(ltr) لتر (M)
milliliter	(malliltar) ملليلتر (M)
ton	(tunin) طن (M)
kilogram	(kylwjram) كيلوجرام (M)
gram	(jaram) جرام (M)
magnet	(maghnatis) مغناطيس (M)
microscope	(maykruskub) ميكروسكوب (M)
funnel	(qame) قمع (M)
laboratory	(mukhtabar) مختبر (M)
canteen	(muqsaf) مقصف (M)
lecture	(muhadara) محاضرة (F)
scholarship	(minhat dirasia) منحة دراسية (F)
diploma	(dablum) دبلوم (M)

1601 - 1625

lecture theatre	قاعة المحاضرات (F)	(qaeat almuhadarat)
3.4	ثلاثة و أربعة من عشرة	(thlatht w arbet min eshr)
3 to the power of 5	ثلاثة مرفوعة إلي خمسة	(thlatht marfueat 'iilaya khms)
4 / 2	أربعة مقسوما على اثنين	(arbet maqsuma ealaa athnyn)
1 + 1 = 2	واحد زائد واحد يساوي اثنين	(wahid zayid wahid yusawi athnyn)
full stop	نقطة (F)	(nuqta)
6³	ستة تكعيب	(stt takeib)
4²	أربعة تربيع	(arbet tarbie)
contact@pinhok.com	كونتاكت ات بينكهوك دوت كوم	(kawnatakt at baynkihuk dwt kwm)
&	و	(w)
/	خط مائل (M)	(khata mayil)
( )	أقواس	('aqwas)
semicolon	فاصلة منقوطة (F)	(fasilat manquta)
comma	فاصلة (F)	(fasila)
colon	نقطتان رأسيتان (F)	(naqitatan rasitan)
www.pinhok.com	دبليو دبليو دبليو دوت بينكهوك دوت كوم	(dabliu dablyu dblyu dwt bynkhwk dwt kwm)
underscore	شرطة سفلية (F)	(shurtat sufalia)
hyphen	شرطة (F)	(shurta)
3 - 2	ثلاثة ناقص اثنين	(thlatht naqis athnyn)
apostrophe	فاصلة عليا (F)	(fasilat ealiana)
2 x 3	اثنين ضرب ثلاثة	(athnyn darab thlath)
1 + 2	واحد زائد اثنين	(wahid zayid athnyn)
exclamation mark	علامة تعجب (F)	(ealamat taejab)
question mark	علامة استفهام (F)	(ealamat aistifham)
space	مسافة (F)	(masafa)

1626 - 1650

soil	تربة (F) (turba)
lava	حمم (M) (humam)
coal	فحم (M) (fahm)
sand	رمل (M) (ramal)
clay	طين (M) (tin)
rocket	صاروخ (M) (sarukh)
satellite	الأقمار الصناعية (F) (al'aqmar alsinaeia)
galaxy	مجرة (F) (majara)
asteroid	كويكب (M) (kuaykib)
continent	قارة (F) (qara)
equator	خط الاستواء (M) (khati alaistiwa')
South Pole	القطب الجنوبي (M) (alqutb aljanubiu)
North Pole	القطب الشمالي (M) (alqutb alshamaliu)
stream	مجرى (M) (majraa)
rainforest	غابة استوائية (F) (ghabatan aistiwayiya)
cave	كهف (M) (kahf)
waterfall	شلال (M) (shallal)
shore	شاطئ (M) (shati)
glacier	نهر الجليد (M) (nahr aljalid)
earthquake	زلزال (M) (zilzal)
crater	فوهة بركان (F) (fawhat burkan)
volcano	بركان (M) (barkan)
canyon	واد ضيق (M) (wad dayq)
atmosphere	غلاف جوي (M) (ghalaf jawiyun)
pole	قطب (M) (qatab)

1651 - 1675

12 °C	اثني عشر درجة مئوية (athnay eashar darajatan muywia)
0 °C	صفر درجة مئوية (sifr darajat muywia)
-2 °C	ناقص درجتين مئوية (naqis darajatayn muywiatan)
Fahrenheit	فهرنهايت (fahrnihayt)
centigrade	درجة مئوية (darajat muywia)
tornado	إعصار (M) ('iiesar)
flood	فيضان (M) (fayudan)
fog	ضباب (M) (dabab)
rainbow	قوس قزح (M) (qus qazah)
thunder	رعد (M) (red)
lightning	برق (M) (bariq)
thunderstorm	عاصفة رعدية (F) (easifat raedia)
temperature	درجة الحرارة (F) (darajat alharara)
typhoon	إعصار (M) ('iiesar)
hurricane	إعصار (M) ('iiesar)
cloud	سحابة (F) (sahaba)
sunshine	أشعة الشمس (F) ('ashieat alshams)
bamboo (plant)	خيزران (M) (khayazran)
palm tree	نخيل (M) (nakhil)
branch	فرع (M) (farae)
leaf	ورقة شجرة (F) (waraqat shajaratan)
root	جذور (M) (judhur)
trunk	جذع الشجرة (M) (jidhe alshajara)
cactus	صبار (M) (sabaar)
sunflower	عباد الشمس (M) (eibad alshams)

1676 - 1700

seed	بذرة (bidhara) (F)
blossom	زهر (zahr) (M)
stalk	ساق نبات (saq naba'at) (M)
plastic	بلاستيك (bilastik) (M)
carbon dioxide	ثاني أكسيد الكربون (thani 'uksid alkarbun) (M)
solid	صلب (sulb) (M)
fluid	سائل (sayil) (M)
atom	ذرة (dhara) (F)
iron	حديد (hadid) (M)
oxygen	أكسجين ('aksajin) (M)
flip-flops	شبشب (shbshb) (M)
leather shoes	أحذية جلدية ('ahadhiat juldia) (F)
high heels	كعوب عالية (kueub ealia) (F)
trainers	حذاء رياضي (hidha' riadiin) (M)
raincoat	معطف واق من المطر (maetif waq min almatar) (M)
jeans	جينز (jinz) (M)
skirt	تنورة (tanwra) (F)
shorts	سروال قصير (sirwal qasir) (M)
pantyhose	جوارب طويلة (jawarib tawila) (F)
thong	ثونغ (thungh) (M)
panties	اللباس الداخلي (allibas alddakhiliu) (M)
crown	تاج (taj) (M)
tattoo	وشم (washama) (M)
sunglasses	نظارة شمس (nizarat shams) (F)
umbrella	مظلة (mizala) (F)

1701 - 1725

earring	قرط (qart) (M)
necklace	قلادة (qilada) (F)
baseball cap	قبعة البيسبول (qibeat albayasbul) (F)
belt	حزام (hizam) (M)
tie	ربطة عنق (rabtat eanq) (F)
knit cap	قبعة منسوجة (qabeatan mansuijatan) (F)
scarf	وشاح (washah) (M)
glove	قفاز (qafaz) (M)
swimsuit	ملابس سباحة (mulabis sibaha) (F)
bikini	بيكيني (baykini) (M)
swim trunks	سروال سباحة (sirwal sibaha) (M)
swim goggles	نظارات سباحة (nizarat sibaha) (F)
barrette	مشبك شعر (mushbik shaear) (M)
brunette	أسمر ('asmar) (M)
blond	أشقر ('ashqur) (M)
bald head	أصلع الرأس ('aslae alraas) (M)
straight (hair)	مفرود (mafrud) (M)
curly	مجعد (majead) (M)
button	زر (zur) (M)
zipper	سستة (sasta) (F)
sleeve	كم (kam) (M)
collar	ياقة (yaqa) (F)
polyester	بوليستر (bulistir) (M)
silk	حرير (harir) (M)
cotton	قطن (qatn) (M)

1726 - 1750

wool	صوف (M)	(suf)
changing room	غرفة تبديل الملابس (F)	(ghurfat tabdil almalabis)
face mask	قناع الوجه (M)	(qunae alwajh)
perfume	عطر (M)	(eatar)
tampon	سدادة قطنية (F)	(siddadat qatnia)
nail scissors	مقص الأظافر (M)	(maqasu al'azafir)
nail clipper	قلامة الأظافر (F)	(qalamat al'azafir)
hair gel	جل شعر (M)	(jla shaear)
shower gel	جل الاستحمام (M)	(jla alaistihmam)
condom	واقي ذكري (M)	(waqi dhikri)
shaver	ماكينة حلاقة (F)	(makint halaqa)
razor	موس الحلاقة (M)	(mus alhalaqa)
sunscreen	واقي شمس (M)	(waqi shams)
face cream	كريم الوجه (M)	(karim alwajh)
brush (for cleaning)	فرشاة (F)	(farasha)
nail polish	طلاء الأظافر (M)	(tala' al'azafir)
lip gloss	ملمع شفاه (M)	(malmie shaffah)
nail file	مبرد الاظافر (M)	(mubrid alazafr)
foundation	كريم أساس (M)	(karim 'asas)
mascara	ماسكرا (M)	(masikra)
eye shadow	ظل العين (M)	(zil aleayn)
warranty	ضمان (M)	(daman)
bargain	صفقة (F)	(safqa)
cash register	ماكينة تسجيل النقدية (F)	(makinat tasjil alnaqdia)
basket	سلة (F)	(sala)

1751 - 1775

shopping mall	مركز تسوق (M)	(markaz tswq)
pharmacy	صيدلية (F)	(sayadlia)
skyscraper	ناطحة سحاب (F)	(natihat sahab)
castle	قلعة (F)	(qalea)
embassy	سفارة (F)	(sifara)
synagogue	الكنيس اليهودي (M)	(alkanis alyahudiu)
temple	معبد (M)	(maebad)
factory	مصنع (M)	(masnae)
mosque	مسجد (M)	(masjid)
town hall	مبنى البلدية (M)	(mabnaa albaladia)
post office	مكتب البريد (M)	(maktab albarid)
fountain	نافورة (F)	(nafura)
night club	ملهي ليلي (M)	(malhi layliin)
bench	مقعد (M)	(maqead)
golf course	ملعب جولف (M)	(maleab julf)
football stadium	ستاد كرة قدم (M)	(satad kurat qadam)
swimming pool (building)	حمام سباحة (M)	(hamam sibaha)
tennis court	ملعب تنس (M)	(maleab tans)
tourist information	معلومات سياحية (F)	(maelumat siahia)
casino	كازينو (M)	(kazynu)
art gallery	معرض فنون (M)	(maerid funun)
museum	متحف (M)	(mathaf)
national park	حديقة وطنية (F)	(hadiqatan watania)
tourist guide	مرشد سياحي (M)	(murshid siahiun)
souvenir	تذكار (M)	(tadhkar)

1776 - 1800

alley	زقاق (M) (zaqaq)
dam	سد (M) (sadi)
steel	صلب (M) (sulb)
crane	رافعة (F) (raafiea)
concrete	خرسانة (F) (kharsana)
scaffolding	سقالة (F) (saqala)
brick	طوب (M) (tub)
paint	طلاء (M) (tala')
nail	مسمار (M) (musmar)
screwdriver	مفك براغي (M) (mafk baraghi)
tape measure	شريط القياس (M) (sharit alqias)
pincers	كماشة (F) (kamasha)
hammer	مطرقة (F) (matraqa)
drilling machine	مثقب (M) (muthaqab)
aquarium	حوض سمك (M) (hawd samak)
water slide	زلاجة مائية (F) (zilajat mayiya)
roller coaster	أفعوانية (F) ('afiewania)
water park	متنزه مائي (M) (mutanazuh mayiy)
zoo	حديقة حيوان (F) (hadiqat hayawan)
playground	ملعب (M) (maleab)
slide	زلاقة (F) (zalaqa)
swing	أرجوحة (F) ('arjuha)
sandbox	صندوق رمل (M) (sunduq ramal)
helmet	خوذة (F) (khawdha)
uniform	زى موحد (M) (zaa muahad)

1801 - 1825

fire (emergency)	حريق (M)	(hariq)
emergency exit (in building)	مخرج الطوارئ (M)	(mukhrij altawari)
fire alarm	إنذار حريق (M)	('iindhar hariq)
fire extinguisher	طفاية حريق (F)	(tifayat hariq)
police station	مركز شرطة (M)	(markaz shurta)
state	ولاية (F)	(wilaya)
region	منطقة (F)	(mintaqa)
capital	عاصمة (F)	(easima)
visitor	زائر (M)	(zayir)
emergency room	غرفة الطوارئ (F)	(ghurfat altawari)
intensive care unit	عناية مركزة (F)	(einayat markaza)
outpatient	العيادات الخارجية (F)	(aleiadat alkharijia)
waiting room	غرفة إنتظار (F)	(ghurfat 'iintzar)
aspirin	أسبرين (M)	('asbarin)
sleeping pill	حبوب منومة (F)	(hubub munawama)
expiry date	تاريخ انتهاء الصلاحية (M)	(tarikh aintiha' alsalahia)
dosage	جرعة (F)	(jurea)
cough syrup	شراب السعال (M)	(sharab alsaeal)
side effect	الآثار الجانبية (F)	(alathar aljanibia)
insulin	أنسولين (M)	('ansulin)
powder	مسحوق (M)	(mashuq)
capsule	كبسولة (F)	(kabsula)
vitamin	فيتامين (M)	(fitamin)
infusion	علاج عن طريق الوريد (M)	(eilaj ean tariq alwarid)
painkiller	مسكن للألم (M)	(maskan lil'alam)

1826 - 1850

antibiotics	مضادات حيوية (F)	(mdadat hayawia)
inhaler	المستنشق (M)	(almustanshaq)
bacterium	جرثوم (M)	(jarthum)
virus	فيروس (M)	(fayrus)
heart attack	نوبة قلبية (F)	(nwbt qalbia)
diarrhea	إسهال (M)	('iishal)
diabetes	داء السكري (M)	(da' alsukari)
stroke	السكتة الدماغية (F)	(alsuktat aldamaghia)
asthma	الربو (M)	(alrabuu)
cancer	سرطان (M)	(sartan)
nausea	غثيان (M)	(ghuthayan)
flu	أنفلونزا (F)	(anflwnza)
toothache	وجع الاسنان (M)	(wajae al'asnan)
sunburn	حروق الشمس (F)	(huruq alshams)
poisoning	تسمم (M)	(tusamim)
sore throat	إلتهاب الحلق (M)	('iiltahab alhalaq)
hay fever	حمى القش (M)	(humaa alqashi)
stomach ache	ألم المعدة (M)	('alam almueada)
infection	عدوى (F)	(eadwaa)
allergy	حساسية (F)	(hisasia)
cramp	تشنج (M)	(tashanaj)
nosebleed	نزيف الأنف (M)	(nazif al'anf)
headache	صداع (M)	(sudae)
spray	رذاذ (M)	(radhadh)
syringe (tool)	محقنة (F)	(muhqana)

1851 - 1875

needle	إبرة	('iibra) (F)
dental brace	مشبك أسنان	(mashbik 'asnan) (M)
crutch	عكاز	(eukaaz) (M)
X-ray photograph	صورة الأشعة السينية	(surat al'ashieat alsaynia) (F)
ultrasound machine	جهاز الموجات فوق الصوتية	(jihaz almawajat fawq alsawtia) (M)
plaster	لزق طبي	(lizq tibiyun) (M)
bandage	ضمادة	(damada) (F)
wheelchair	كرسي متحرك	(kursii mutaharik) (M)
blood test	فحص دم	(fahas dama) (M)
cast	ضمادة جبس	(damadat jabs) (F)
fever thermometer	حمى الحرارة	(humaa alharara) (F)
pulse	نبض	(nabad) (M)
injury	جرح	(jurh) (M)
emergency	حالة طوارئ	(halat tawari) (F)
concussion	ارتجاج	(airtijaj) (M)
suture	خياطة الجروح	(khiatat aljuruh) (F)
burn	حرق	(harq) (M)
fracture	كسر	(kasr) (M)
meditation	تأمل	(tamal) (M)
massage	تدليك	(tadlik) (M)
birth control pill	حبوب منع الحمل	(hubub mane alhamal) (M)
pregnancy test	إختبار الحمل	('iikhtbar alhamal) (M)
tax	ضريبة	(dariba) (F)
meeting room	قاعة اجتماعات	(qaeat aijtimaeat) (F)
business card	بطاقة أعمال	(bitaqat 'aemal) (F)

1876 - 1900

IT	تكنولوجيا المعلومات (F)	(tiknulujia almaelumat)
human resources	الموارد البشرية (F)	(almawarid albasharia)
legal department	القسم القانوني (M)	(alqism alqanuniu)
accounting	محاسبة (F)	(muhasaba)
marketing	تسويق (M)	(taswiq)
sales	مبيعات (F)	(mabieat)
colleague	زميل (M)	(zamil)
employer	صاحب العمل (M)	(sahib aleamal)
employee	موظف (M)	(muazaf)
note (information)	ملاحظة (F)	(mulahaza)
presentation	عرض (M)	(eard)
folder (physical)	مجلد (M)	(mujalad)
rubber stamp	ختم مطاطي (M)	(khatam mattatiin)
projector	جهاز عرض (M)	(jihaz earad)
text message	رسالة نصية (F)	(risalat nasia)
parcel	طرد (M)	(tard)
stamp	طابع (M)	(tabie)
envelope	ظرف (M)	(zarf)
prime minister	رئيس الوزراء (M)	(rayiys alwuzara')
pharmacist	صيدلي (M)	(sayadli)
firefighter	رجال اطفاء (M)	(rijal 'iitfa')
dentist	طبيب أسنان (M)	(tbyb 'asnan)
entrepreneur	رائد أعمال (M)	(rayid 'aemal)
politician	سياسي (M)	(siasiun)
programmer	مبرمج (M)	(mubramaj)

1901 - 1925

stewardess	مضيفة (F) (mudifa)
scientist	عالم (M) (ealim)
kindergarten teacher	معلمة روضة أطفال (F) (maelamat rawdat 'atfal)
architect	مهندس معماري (M) (muhandis muemari)
accountant	محاسب (M) (muhasib)
consultant	مستشار (M) (mustashar)
prosecutor	النائب العام (M) (alnnayib aleamu)
general manager	مدير عام (M) (mudir eamin)
bodyguard	حارس شخصي (M) (haris shakhsiun)
landlord	مالك (M) (malik)
conductor	كمسري (M) (kamisri)
waiter	نادل (M) (nadil)
security guard	حارس أمن (M) (haris 'amn)
soldier	جندي (M) (jundiin)
fisherman	صياد السمك (M) (siad alsamak)
cleaner	منظف (M) (munazaf)
plumber	سباك (M) (sabak)
electrician	كهربائي (M) (kahrabayiyun)
farmer	مزارع (M) (mazarie)
receptionist	موظف استقبال (M) (muazaf aistiqbal)
postman	ساعي البريد (M) (saei albarid)
cashier	أمين الصندوق (M) ('amin alsunduq)
hairdresser	مصفف شعر (M) (musafif shaear)
author	مؤلف (M) (mualaf)
journalist	صحافي (M) (sahafiin)

1926 - 1950

photographer	مصور (M) (musawir)
thief	لص (M) (las)
lifeguard	منقذ (M) (munaqadh)
singer	مطرب (M) (matarab)
musician	موسيقي (M) (musiqiun)
actor	ممثل (M) (mumathil)
reporter	مراسل (M) (murasil)
coach (sport)	مدرب (M) (mudarib)
referee	حكم (M) (hukm)
folder (computer)	مجلد (M) (mujalad)
browser	متصفح (M) (mutasafih)
network	شبكة (F) (shabaka)
smartphone	هاتف ذكي (M) (hatif dhuki)
earphone	سماعة (F) (samaea)
mouse (computer)	فأره (F) (fa'arah)
keyboard (computer)	لوحة المفاتيح (F) (lawhat almafatih)
hard drive	قرص صلب (M) (qurs sulb)
USB stick	فلاش يو اس بي (M) (falash yu 'iis bi)
scanner	ماسح ضوئي (M) (masih dawyiyun)
printer	طابعة (F) (tabiea)
screen (computer)	شاشة (F) (shasha)
laptop	كمبيوتر محمول (M) (kamibyutir mahmul)
fingerprint	بصمة (F) (basima)
suspect	مشتبه فيه (M) (mushtabih fih)
defendant	مدعى عليه (M) (madeaa ealayh)

1951 - 1975

investment	استثمار (M) (aistithmar)
stock exchange	بورصة (F) (bursa)
share	سهم (M) (sahm)
dividend	حصة أرباح (F) (hisat 'arbah)
pound	جنيه (M) (junayh)
euro	يورو (M) (ywrw)
yen	ين (M) (yn)
yuan	يوان (M) (yawan)
dollar	دولار (M) (dular)
note (money)	ورقة نقدية (F) (waraqat naqdia)
coin	عملة (F) (eamila)
interest	فائدة (F) (fayida)
loan	قرض (M) (qard)
account number	رقم الحساب (M) (raqm alhisab)
bank account	حساب مصرفي (M) (hisab masrifiun)
world record	الرقم القياسي العالمي (M) (alraqm alqiasiu alealamiu)
stopwatch	ساعة توقيف (F) (saeat tawqif)
medal	ميدالية (F) (midalia)
cup (trophy)	كأس (M) (kas)
robot	إنسان آلي (M) ('iinsan ali)
cable	كابل (M) (kabil)
plug	قابس كهرباء (M) (qabis kahraba')
loudspeaker	مكبر صوت (M) (mukbar sawt)
vase	زهرية (F) (zihria)
lighter	ولاعة (F) (walaea)

1976 - 2000

package	طرد (M)	(tard)
tin	علبة (F)	(eulba)
water bottle	زجاجة ماء (F)	(zujajat ma'an)
candle	شمعة (F)	(shumie)
torch	مصباح يدوي (M)	(misbah ydwy)
cigarette	سيجارة (F)	(sayajara)
cigar	سيجار (M)	(sayujar)
compass	بوصلة (F)	(bawsala)
stockbroker	سمسار البورصة (M)	(samasar albursa)
barkeeper	ساقي في حانة (M)	(saqi fi hana)
gardener	بستاني (M)	(bustany)
mechanic	ميكانيكي (M)	(mikaniki)
carpenter	نجار (M)	(nujar)
butcher	جزار (M)	(jazar)
priest	قس (M)	(qas)
monk	راهب (M)	(rahib)
nun	راهبة (F)	(rahiba)
dancer	راقص (M)	(raqis)
director	مخرج أفلام (M)	(mukhrij 'aflam)
camera operator	مصور (M)	(musawir)
midwife	ممرضة توليد (F)	(mumridat tawlid)
lorry driver	سائق شاحنة (M)	(sayiq shahina)
tailor	خياط (M)	(khiat)
librarian	أمين مكتبة (M)	('amin maktaba)
vet	طبيب بيطري (M)	(tabib bytry)

Printed in Great Britain
by Amazon